Rüdiger Kohl

Lernwerkstatt
Unsere Jahreszeiten

Kurztexte / Aufgaben / Übungen
Sinnerfassendes Lesen / Mit Lösungen

Lernen mit Humor
KOHL VERLAG
Der Verlag mit dem Baum
www.kohlverlag.de

Lernwerkstatt
„Unsere Jahreszeiten“

4. Auflage 2006

Text: Rüdiger Kohl
Satz: Kohl-Verlag
Druck: farbo Druck, Köln

Bestell-Nr. 10 520

ISBN: 3-86632-520-7

Lernwerkstatt Die Jahreszeiten

Inhaltsverzeichnis

Die Jahreszeiten .... Seite 01
Das Jahr - eine Monatsuhr .... Seite 02
Frühling, Sommer, Herbst und Winter .... Seite 03
Weißt du Bescheid? .... Seite 04
Die Jahreszeiten .... Seite 05
Das Jahr hat zwölf Monate (Blatt 01) .... Seite 06
Das Jahr hat zwölf Monate (Blatt 02) .... Seite 07
Mein Geburtstagskalender .... Seite 08
Die Monate .... Seite 09
Die Faustregel .... Seite 10
Eine Regenreise in den Frühling .... Seite 11
Frühling .... Seite 12
Osterzeit ist Frühlingszeit .... Seite 13
Die Sommerzeit .... Seite 14
Ein heißer Tag im Sommer .... Seite 15
Im Sonnenschein .... Seite 16
Eine Sommer-Sonnen-Geschichte .... Seite 17
Die Herbstmonate .... Seite 18
Eine Fantasiereise im Herbst .... Seite 19
Vogelflug im September .... Seite 20
Wintervorräte sammeln im September .... Seite 21
Die Wintermonate .... Seite 22
Helau & Alaaf zum Februar .... Seite 23
Ein Lied hinterm Ofen zu singen .... Seite 24
Die Wintergeschichte .... Seite 25
Die letzte Seite zum Üben .... Seite 26

Lösungen .... Seite 27

Lernwerkstatt „Unsere Jahreszeiten" - Bestell-Nr. 10 520
KOHL VERLAG Der Verlag mit dem Baum
www.kohlverlag.de

Lernwerkstatt
Die Jahreszeiten

Die Jahreszeiten

Ein Jahr hat 12

____

oder 365

______________________ .

Die Jahreszeiten heißen:

Ich habe am ______________________

Geburtstag.

Lernwerkstatt „Unsere Jahreszeiten" - Bestell-Nr. 10 520
KOHL VERLAG Der Verlag mit dem Baum
www.kohlverlag.de

Das Jahr - eine Monatsuhr

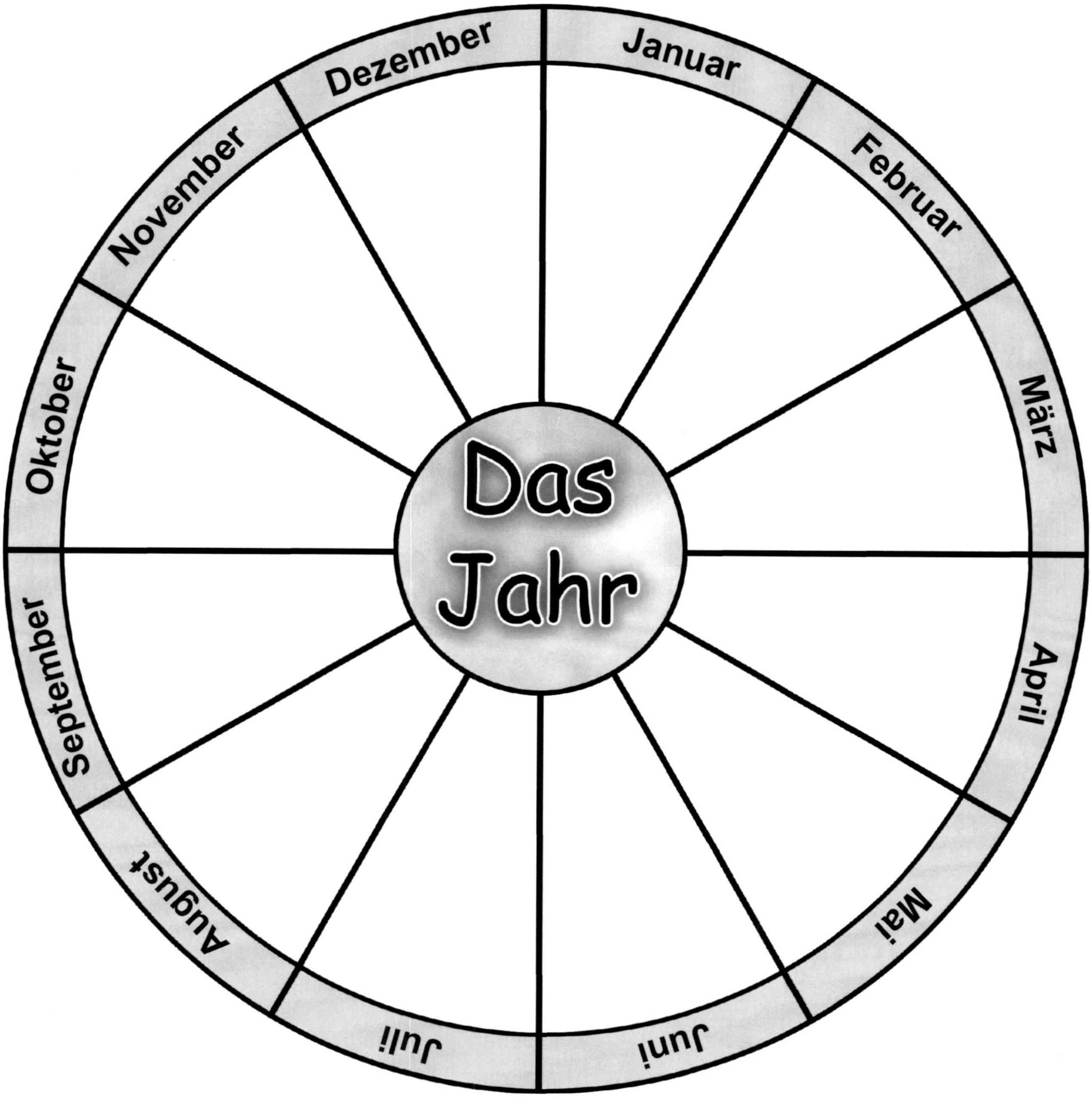

Aufgabe:

Male in die leeren Felder jeweils ein Bild, dass zum Monat passt. Vorschläge: *Im Januar einen Schneemann, im Februar einen Clown, im März eine Frühlingspflanze, im April Wolken - Regen - Schnee, im Mai Maiglöckchen, im Juni eine Sonnenblume, im Juli ein Schwimmbad mit Badenden, im August ein Roggenfeld, im September Obstbäume mit reifen Früchten, im Oktober einen Drachen, im November einen Menschen mit Regenschirm, im Dezember einen Weihnachtsbaum.*

Vielleicht findest du bessere Vorschläge!

Lernwerkstatt „Unsere Jahreszeiten“ - Bestell-Nr. 10 520
KOHL VERLAG
www.kohlverlag.de

Lernwerkstatt Die Jahreszeiten

Frühling, Sommer, Herbst und Winter

Frühling

Sommer

Herbst

Winter

Aufgabe:
Zeichne in die richtigen Felder a) einen Schneemann, b) einen reifen Apfel und eine reife Birne, c) einen blühenden Obstbaum und d) eine heiße Sonne über einem Schwimmbad, in dem Kinder schwimmen!

Lernwerkstatt „Unsere Jahreszeiten" - Bestell-Nr. 10 520
KOHL VERLAG Der Verlag mit dem Baum
www.kohlverlag.de

Lernwerkstatt Die Jahreszeiten

Weißt du Bescheid?

a) Im Winter sind die Tage kurz und die Nächte ______________________ .

b) Im Sommer sind die Nächte ______________________ und die Tage ______________________ .

c) Im Frühling und Herbst sind die Tage und die Nächte gleich lang.

d) Tag und Nacht haben ______________________ Stunden.

e) Im Frühling ______________________ die Bäume.

f) Im Sommer gibt es manchmal ______________________ .

g) Im Herbst fliegen die ______________________ .

h) Im Winter fahren wir mit dem ______________________ .

Wörter für die Lücken:
Schlitten, lang, hitzefrei, blühen, 24, kurz, Drachen, lang

KOHL VERLAG Der Verlag mit dem Baum www.kohlverlag.de
Lernwerkstatt „Unsere Jahreszeiten“ - Bestell-Nr. 10 520

Lernwerkstatt Die Jahreszeiten

Die Jahreszeiten

Wenn der **Frühling** beginnt, werden die Tage länger und wärmer. An den Zweigen von Sträuchern, Büschen und Bäumen sprießen die ersten Knospen.
Der Frühling beginnt am:

____

Im **Sommer** sind die Tage lang, hell und herrlich warm. Leckere Früchte locken den Wanderer. Die roten Früchte sind die

______________ .

Der Sommer beginnt am:

____

Im **Herbst** steht die Sonne nicht mehr so hoch am Himmel. Die Tage werden kürzer. Braune, gelbe und rote Blätter fallen von den Bäumen herab. Die Tiere suchen sich ihre Vorräte zusammen - Eicheln, Nüsse, Bucheckern. Der Herbstwind fegt über die Wiesen und Felder. Die Kinder holen ihre Drachen hervor, die wie wild zwischen den Wolken tanzen.
Der Herbst beginnt am:

____

Winter - Nun sind die Tage kurz und die Nächte lang. Es wird bitterkalt. Bald fallen Schneeflocken aus den dicken Wolken und überziehen alles mit einer weißen Decke. Die Kinder ziehen sich warm an.
Der Winter beginnt am:

____

Lernwerkstatt „Unsere Jahreszeiten" - Bestell-Nr. 10 520
KOHL VERLAG Der Verlag mit dem Baum
www.kohlverlag.de

Lernwerkstatt
Die Jahreszeiten

Das Jahr hat zwölf Monate

In jedem Jahreszeitenbild hat sich ein Monat hineingemogelt, der dort nichts zu suchen hat. Welcher Monat ist das? Streiche die falschen Monate mit dem Lineal durch!

Mai **Der Frühling** März

Januar April

Juli **Der Sommer** Juni

Dezember August

Lernwerkstatt
„Unsere Jahreszeiten“ - Bestell-Nr. 10 520
KOHL VERLAG Der Verlag mit dem Baum
www.kohlverlag.de

Das Jahr hat zwölf Monate

Male den Jahreskasten Frühling grün - den Sommerkasten gelb - den Herbskasten braun - den Winterkasten blau aus!

September **Der Herbst** Oktober

März November

Mai **Der Winter** Februar

Dezember Januar

Die zwölf Monate - trage sie hier jetzt richtig ein!

1. *Januar*	2.	3.	4.
5.	6.	7.	8.
9.	10.	11.	12.

Lernwerkstatt „Unsere Jahreszeiten" - Bestell-Nr. 10 520
KOHL VERLAG Der Verlag mit dem Baum
www.kohlverlag.de

Lernwerkstatt Die Jahreszeiten

Mein Geburtstagskalender

Mein Geburtstag ist am ______________________ . Trage in diesen Kalender die Geburtstage deiner Klassenkameraden und deiner Familie ein!

Januar	Februar	März
April	Mai	Juni
Juli	August	September
Oktober	November	Dezember

Die Monate

Trage mit großen Druckbuchstaben die Namen der Monate in die Bilder ein.
Male danach die Bilder farbig aus!

KOHL VERLAG Der Verlag mit dem Baum
www.kohlverlag.de
Lernwerkstatt
„Unsere Jahreszeiten“ - Bestell-Nr. 10 520

Die Faustregel

Wenn du wissen willst, wie viele Tage die einzelnen Monate haben, so kannst du sie mit deinen beiden Fäusten bestimmen.

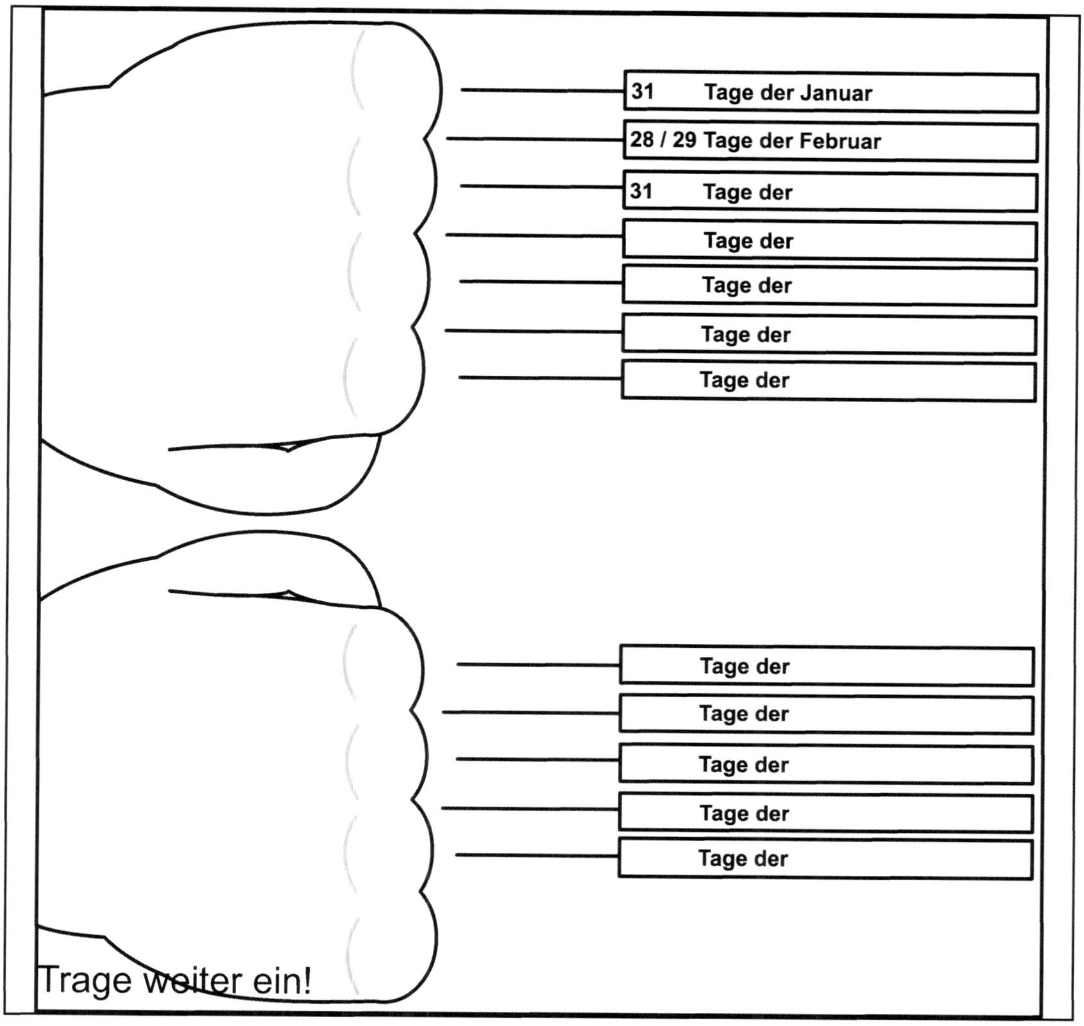

Welche Sätze treffen für den Frühling zu? Kreuze an!

O A - Nana brachte einen Strauß Maiglöckchen mit in die Klasse.
O B - Fred rennt mit seinem Drachen auf der Stoppelwiese.
O C - Die Kirschblüten sind wunderschön.
O D - Alle helfen bei der Kartoffelernte mit.
O E - Der Siebenschläfer ist erwacht.
O F - Schon sammelt das Eichhörnchen Vorräte an Eicheln zusammen.
O G - Überall blühen die Apfelbäume.
O H - Bald wird das Getreide geerntet.

Die Buchstaben für die Frühlingssätze sind: ☐ ☐ ☐ ☐

Lernwerkstatt „Unsere Jahreszeiten“ - Bestell-Nr. 10 520
KOHL VERLAG Der Verlag mit dem Baum
www.kohlverlag.de

Eine Regenreise in den Frühling mit dem Regenstab

Setze dich auf deiem Stuhl ganz locker hin. Die Füße stehen fest auf dem Boden. Du legst die Arme auf den Tisch und vergräbst den Kopf in deiner Armhöhle. Wenn du es kannst, schließt du nun die Augen. Du atmest langsam ein. - Pause 3 Sek. - Jetzt atmest du langsam aus. - Pause 3 Sek. - Stell´ dir vor, dass wir zusammen auf eine kleine Reise gehen. In Gedanken stehst du auf, verlässt das Klassenzimmer und gehst aus der Schule hinaus. Mit einem Mal sitzt du auf einer großen bunten Frühlingswiese. Um dich herum nichts als wunderbar grünes Gras und viele bunte Blumen. Du siehst eine Menge weißer Gänseblümchen, - Pause - gelben Löwenzahn, - Pause - blaue Vergissmeinnicht. - Pause. - Die Luft ist schon sehr warm. Es riecht nach Frühling. - Pause. - Nun stehst du auf und wanderst auf der Wiese weiter. Du kommst zu einem großen Wald. Dort bleibst du eine Weile stehen und schaust dir die Bäume an. - Pause. - Mit einem Mal hörst du ein merkwürdiges Geräusch. - Ganz langsam den Regenstab drehen. - Neugierig gehst du in den Wald hinein. Das Rauschen wird stärker. - Regenstab zweimal etwas steiler halten. - Du läufst hinter dem Geräusch her. Im Wald wird es immer dunkler. Ein bisschen Angst bekommst du auch. Was wird wohl noch kommen? Wird es womöglich noch ein Gewitter geben? - Regenstab lauter werden lassen. - Was es im Wald wohl für wilde Tiere gibt? - Noch einmal Regenstab drehen. - Mit einem Mal wird es heller. Du kommst an eine Lichtung. Und was siehst du mitten auf dem moosbewachsenen Rasen? Einen wunderschönen kleinen Wasserfall. - Regenstab mehrmals drehen. - Du ziehst Schuhe und Strümpfe aus und steigst in das eiskalte Wasser. Mmh, das fühlt sich schön an. - Längere Pause, dabei Regenstab mehrfach drehen. - Doch jetzt wird es ziemlich kalt. Du steigst aus dem Wasser, ziehst Strümpfe und Schuhe wieder an und läufst durch den Wald zurück auf die Frühlingswiese. Ganz leise noch hörst du das Geräusch des kleinen Wasserfalls. - Regenstab ganz langsam drehen - Du setzt dich wieder hin. Da bemerkst du deinen Stuhl. Unter deinen Armen spürst du den Tisch. Du bewegst langsam die Finger, dann die Arme. Du streckst dich richtig und öffnest langsam die Augen.

Tipp: Den Regenstab erhalten Sie im Kohl-Verlag, die Regenstabgeschichten Bestell.-Nr. 10377, das Regenstab-Buch (Methode) Best.-Nr. 10294

Gespräch/Malen: Frühling, Frühlingsblumen, Gefühle, Mandalas. Jahreszeiten: was gibt es noch im Frühling? Woran erkennt man die Jahreszeiten? Musik: Frühlingslieder, Spielgeschichten.

Lernwerkstatt „Unsere Jahreszeiten" - Bestell-Nr. 10 520
KOHL VERLAG Der Verlag mit dem Baum www.kohlverlag.de

Lernwerkstatt
Die Jahreszeiten

Frühling

Die Knospen knospen und sind schon wach,
die Keime keimen noch schüchtern und schwach,
die Weiden weiden das Gras ab am Bach.

Die Bäume baumeln (das ist ihre Pflicht),
die Sträucher straucheln im Dämmerlicht,
die Stämme stammeln ein Frühlingsgedicht.

Die Hecke heckt neue Streiche aus,
der Rasen rast wie rasend ums Haus,
der Krokus kroküsst die Haselmaus.

Die Drossel erdrosselt den Regenwurm,
das Rebschoß erschoss nachts die Reblaus im Turm,
drum erlaubt sich das Laub ein Tänzchen im Sturm.

Es himmelt der Himmel ein Wölklein an,
es windet der Wind sich durch Löwenzahn,
und bereits blättern Blätter im Sommerfahrplan.

von Hans Manz

Aufgaben:

1. Lies das Gedicht einmal leise und einmal laut! Schließe die Augen und stelle dir den Inhalt des Gedichtes vor! Der Dichter spricht in Bildern zu dir (die Bäume bäumeln, die Stämme stammeln). Lerne das Gedicht auswendig!

2. Male eine Frühlingswiese mit Bäumen und Sträuchern und einer Hecke - und mit Vögeln und Wölklein am Himmel!

Lernwerkstatt „Unsere Jahreszeiten" - Bestell-Nr. 10 520
KOHL VERLAG Der Verlag mit dem Baum www.kohlverlag.de

Osterzeit ist Frühlingszeit

Aus diesem weißen Ei soll möglichst ein buntes Osterei werden. Male es prächtig aus!

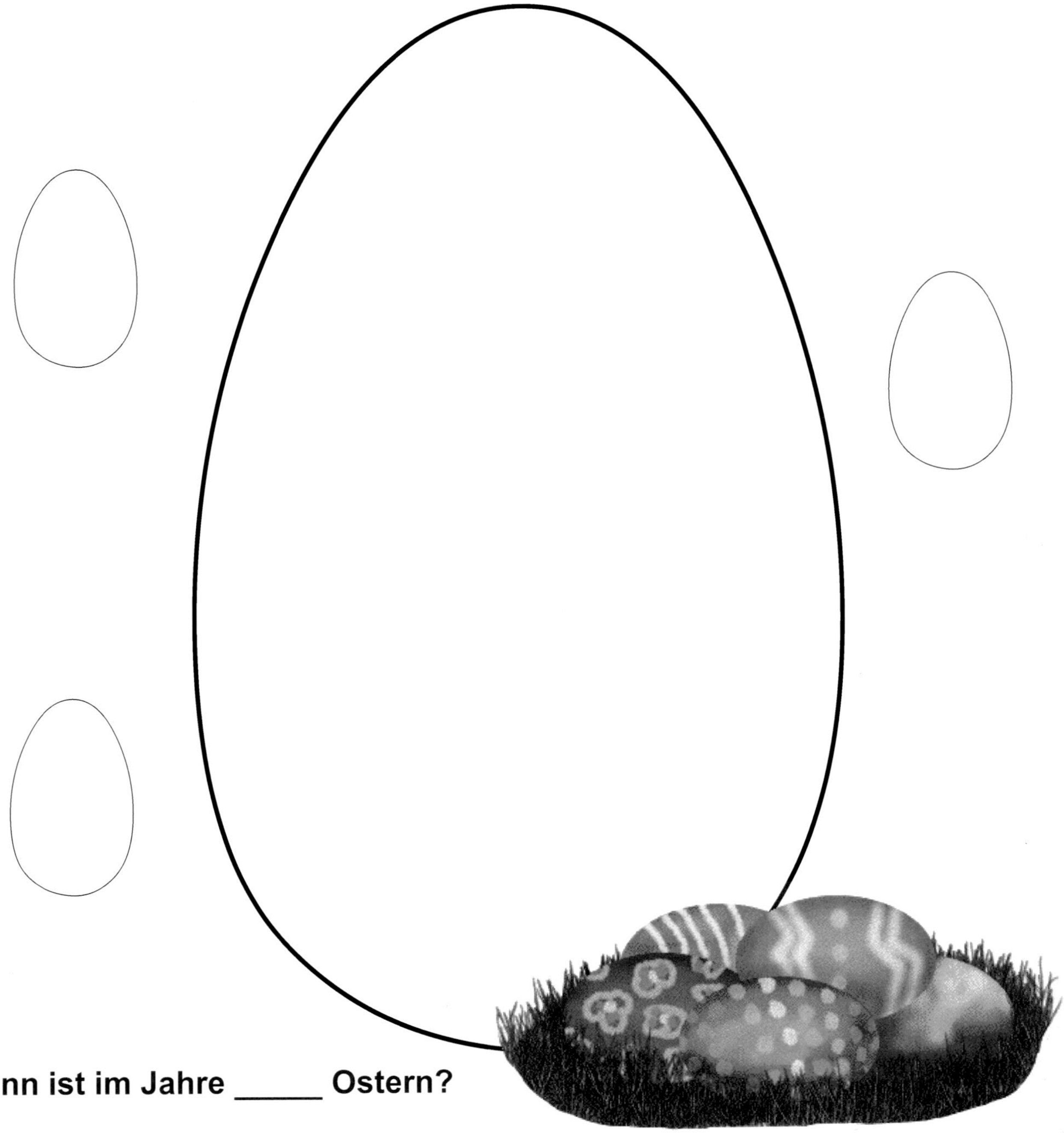

Wann ist im Jahre _____ Ostern?

Karfreitag ist am: ______________________________

Karsamstag ist am: ______________________________

Ostersonntag ist am: ______________________________

Ostermontag ist am: ______________________________

Lernwerkstatt „Unsere Jahreszeiten" - Bestell-Nr. 10 520
KOHL VERLAG Der Verlag mit dem Baum www.kohlverlag.de

Die Sommerzeit

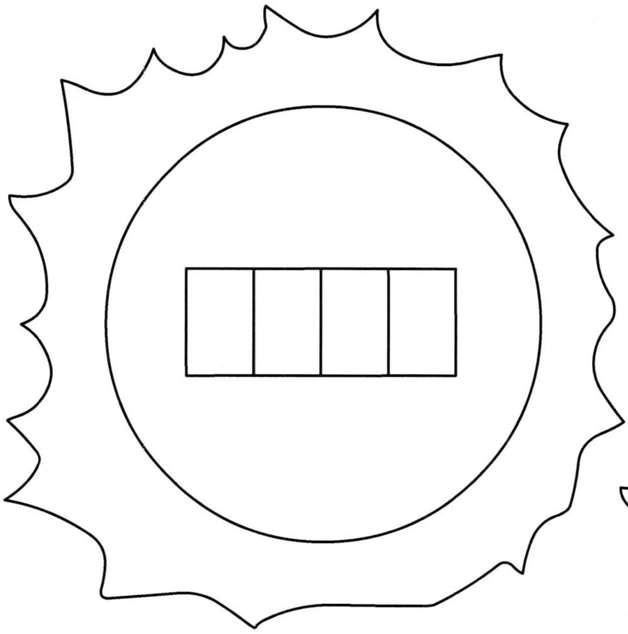

Aufgabe:
Schreibe die Sommermonate in die Kästchen und male die Sonnen bunt aus!

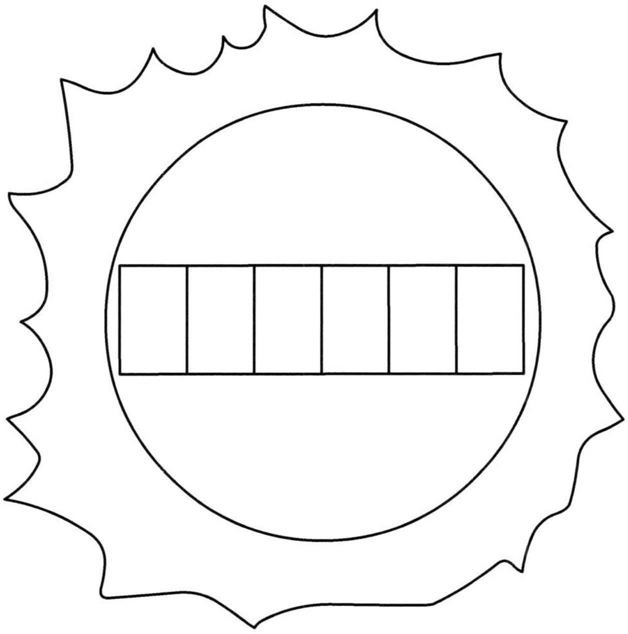

Ein heißer Sommertag ist bestens geeignet, nach draußen in die Sonne zu gehen. Wir nehmen die Sommerluft mit Augen und Nase, Mund und Ohren auf. Wir spüren die warme Luft. Ist es angenehm warm, oder unerträglich heiß, oder drückend schwül oder frisch nach dem Gewitter? Wir hören, riechen, sehen, fühlen und schmecken den Sommer. Jetzt suchen wir uns ein schattiges Plätzchen auf der Wiese, legen uns auf den Rücken ins Gras. Wie fühlt sich das Gras auf der Haut an? Welche Geräusche dringen an mein Ohr? Was sehe ich in der flimmernden Luft? Welche Geräusche umgeben mich?

Lies den Text aufmerksam durch! Beantworte die Fragen:
Wie fühlt sich Gras auf der Haut an? Welche Geräusche könnte ich im Sommer hören?
Was sehe ich in der flimmernden Luft? Welche Geräusche umgeben mich?

Lernwerkstatt „Unsere Jahreszeiten" - Bestell-Nr. 10 520
KOHL VERLAG Der Verlag mit dem Baum
www.kohlverlag.de

Ein heißer Tag im Sommer

Heute ist es eigentlich viel zu heiß, um so viel Anstrengendes zu tun. Setz dich deshalb auf deinem Stuhl bequem hin. Beide Füße stehen fest auf dem Boden. Du legst deine Arme auf den Tisch und bettest deinen Kopf darin. Schließ' die Augen, wenn du das kannst. Du atmest ganz tief ein. - Pause. - Nun atmest du ganz tief wieder aus. - Pause. - Fühl die Wärme um dich herum. An deinen Händen kannst du sie fühlen, an deinem Gesicht, an deinen Armen, an deinem Hals, überall. Spüre selbst, wo es dir warm oder sogar heiß ist. - Längere Pause. - Vielleicht fällt auch das Atmen schwer. Fühle nach, ob du das Gefühl hast, dass die Luft richtig dick ist. Jetzt machen wir in Gedanken eine kleine Reise. Du stellst dir vor, dass du aus dem Klassenzimmer hinausgehst. Im Flur läufst du die Treppe hinunter und hinaus aus dem Schulhaus. (Nur wenn es eine Treppe gibt!!) . Draußen fühlst du wie eine dicke Wattemauer die heiße Luft. - Pause. - Du ziehst wegen der Wärme deine Schuhe und Strümpfe aus. Aua! Der Boden ist aber heiß. Auf der anderen Seite des Schulhofes entdeckst du plötzlich eine Wiese. Wegen der Hitze läufst du auf Zehenspitzen hinüber. Aber auch das Gras ist warm. Du legst dich hin und schließt die Augen. - Regenstab ganz langsam drehen. - Mit einem Mal spürst du kalte Tropfen an deinen Armen und Füßen. Es beginnt endlich zu regnen. - Regenstab mehrmals langsam drehen. - Richtig kühl fühlt es sich auf der Haut an. - Während des Sprechens Regenstab drehen. Auf angemessene Lautstärke der Stimme achten!. - Du hältst dein Gesicht in den Regen, dann die Arme und Beine. Kühl läuft das Wasser an ihnen herunter. Du spürst, wie es überall angenehm kühl wird. Die Luft ist auch klarer und dünner. Du kannst besser atmen. Jetzt spürst du, wie du überall angenehm nass bist. - Pause ca. 1 Min. Dabei Regenstab weiter drehen. - Langsam lässt der Regen nach. - Regenstab noch einige Male drehen. Dabei langsamer werden. - Wie durch ein Wunder sind deine Kleider völlig trocken. Du selbst bist aber wunderbar erfrischt. Schnell springst du über den Schulhof, ziehst Schuhe und Strümpfe wieder an und läufst zurück an deinen Platz. Noch immer kannst du die Wirkung des kühlen Regens auf deinen Armen, Beinen und im Gesicht spüren. Dehne deine Arme weit über den Kopf und bewege sie, als wolltest du die Regentropfen abschütteln. Strecke deine Beine unter dem Tisch aus und spüre die Kühle darauf. Nun öffne langsam deine Augen. Wer konnte den Regen wirklich spüren?

Tipp: Gespräch/malen: Sommer, Hitze, Länder in denen es immer heiß ist. Was kann man zur Erfrischung tun? Was tun Menschen in heißen Ländern? Sommer, Ferienzeit, Freizeitbeschäftigungen, Bewegung Freien, Thema Wasser und seine Eigenschaften. Musik: Sommerlieder.

KOHL VERLAG Der Verlag mit dem Baum
www.kohlverlag.de
Lernwerkstatt „Unsere Jahreszeiten" - Bestell-Nr. 10 520

Im Sonnenschein

Die Sonne leuchtet und strahlt heute. Der Himmel ist blau und die Luft angenehm warm. Die Vögel singen und zwitschern. Die Blumen blühen und duften. Die Käfer summen und surren. Die Kinder sind fröhlich und munter. Es ist Sommer, die Freudenzeit.

Lies den Text sorgfältig durch! Von den folgenden acht Sätzen sind 4 Sätze richtig. Mache ein Kreuz bei den richtigen Sätzen!

- ☐ a) Die Sonne leuchtet und brennt.
- ☐ b) Der Himmel ist blau.
- ☐ c) Die Luft ist unangenehm heiß.
- ☐ d) Die Vögel singen und zwitschern.
- ☐ e) Die Käfer summen und schnarren.
- ☐ f) Die Blumen blühen und duften.
- ☐ g) Die Kinder sind fröhlich und munter.
- ☐ h) Es ist Sommer, die Leidenszeit.

Lernwerkstatt „Unsere Jahreszeiten" - Bestell-Nr. 10 520
KOHL VERLAG Der Verlag mit dem Baum
www.kohlverlag.de

Eine Sommer-Sonnen-Geschichte

Schreibe neben die Bilder Wörter, die du zum Erzählen brauchst! Gib den Kindern Namen!

KOHL VERLAG
www.kohlverlag.de
Lernwerkstatt
„Unsere Jahreszeiten" - Bestell-Nr. 10 520

Die Herbstmonate

Schreibe die Monatsnamen in die Kästchen! Male den Septemberwind grau, den Oktoberwind gelb und den Novemberwind blau aus!

Lernwerkstatt
„Unsere Jahreszeiten“ - Bestell-Nr. 10 520
KOHL VERLAG Der Verlag mit dem Baum
www.kohlverlag.de

Eine Fantasiereise im Herbst mit dem Regenstab

Setz' dich kerzengerade auf deinen Stuhl. Die Arme steckst du hoch über deinen Kopf. Dann legst du sie auf den Tisch. Nun kannst du deinen Kopf in dein Armkissen legen. Deine Füße stellst du fest auf den Boden. Bist du ein wenig müde? Prima, dann schließe deine Augen. Du atmest langsam ein. - Pause. - Nun atmest du langsam wieder aus. - Pause. - In Gedanken machen wir einen kleinen Ausflug zum Herbst. Stell' dir vor, wie du aufstehst, das Klassenzimmer verlässt und auf den Schulhof gehst. Dort liegen überall Blätter, die von den Bäumen gefallen sind. Rot sind einige, gelb die anderen. Aber die meisten sind schon vom längeren Liegen ganz braun geworden. Die Sonne scheint (je nach Wetter variieren.) plötzlich (oder immer noch) ganz warm. - Pause. - Mit einem Mal hält auf dem Schulhof eine wunderschöne Pferdekutsche. Direkt vor dir öffnet sich die Tür. Du steigst hinein. Die sechs weißen Pferde laufen los. Häuser, Straßen und Autos sind verschwunden. Vor einem wunderbaren Herbstwald kommt die Kutsche zum Stehen. Du steigst aus und betrachtest die vielen bunten Bäume. - Pause. - In den Wald hinein wanderst du durch raschelnde Blätterhaufen. - Pause. - Ein Eichhörnchen sucht sich seine letzte Winternahrung. Dabei schaust du ihm eine Weile zu. - Pause. - Doch mit einem Mal wird es immer dunkler. Am Himmel siehst du graue Wolken. Wind kommt auf. Und es beginnt leise zu regnen. - Regenstab vorsichtig drehen- du läufst rasch zurück zur Kutsche. Aber der Weg ist weiter als du gedacht hattest. Der Regen wird immer stärker. - Regenstab rascher einige Male drehen. - Inzwischen bist du schon ganz nass geworden. Da - dort ist endlich die Kutsche. Schnell springst du hinein. Die Pferde sind völlig trocken. Aber kaum hast du die Kutsche betreten, merkst du, dass auch du gar nicht mehr nass bist. Der Wagen fährt mit hoher Geschwindigkeit zurück zum Schulhof.

Als du dort aussteigst, merkst du, dass es bereits wieder angefangen hat zu regnen. - Regenstab erneut einige Male drehen. - Jetzt ist es im Haus drinnen richtig gemütlich. Schnell rennst du über den Hof durch den Regen und hinein ins Schulhaus. Du bist ganz trocken. Um dich her spürst du, wie gemütlich es im Zimmer ist, wenn es draußen regnet. Du kuschelst dich noch ein bißchen in deine Arme. - Pause. - Dann streckst du dich so richtig - Pause.- und öffnest die Augen. Hast du den Herbst gesehen?

Tipp: Herbstwörter, Herbstfarben, - beschreiben - Herbstgedicht. Malen: Herbstfarben, Blätter, Bäume, Blätterdruck. Der Herbst, Warum fallen die Blätter herunter?

Lernwerkstatt - „Unsere Jahreszeiten" - Bestell-Nr. 10 520
KOHL VERLAG Der Verlag mit dem Baum
www.kohlverlag.de

Vogelflug im September

Im Herbst sammeln sich die Vögel und fliegen gemeinsam in den Süden. Die uns bekanntesten Zugvögel sind Kraniche, Graugänse, Schwalben, Kuckucke, Störche, Stare und Lerchen. Sie müssen uns verlassen, weil sie bei uns im Winter nicht genug Nahrung finden. Während ihres Fluges legen die kleinen Eisvögel Pausen ein, um sich auszuruhen und Futter zu suchen. Die größeren Zugvögel fliegen dagegen sehr weite Strecken ohne Unterbrechung.

Aufgabe 1:
Lies den Text sorgfältig durch und beantworte danach die Fragen:

In welcher Jahreszeit sammeln sich die Vögel? Im ____________________

Fliegen die Zugvögel einzeln oder gemeinsam? Sie fliegen ______________

Warum verlassen uns die Zugvögel? Weil ______________________________

______________________________!

Aufgabe 2:
Male das Vogelflugmandala aus!

Lernwerkstatt „Unsere Jahreszeiten" - Bestell-Nr. 10 520
KOHL VERLAG Der Verlag mit dem Baum
www.kohlverlag.de

Wintervorräte sammeln im September

Aufgabe 1:
Die Tiere im Wald sammeln Vorräte für den Winter. Kreuze an, welche Vorräte sie **nicht** in ihre Vorratskammer legen!

O a) Eicheln
O b) Apfelsinen
O c) Ahornfrüche
O d) Kastanien
O e) Erdnüsse
O f) Bucheckern
O g) Kokosnüsse

Aufgabe 2:
Male das Vorrätemandala aus!

Lernwerkstatt „Unsere Jahreszeiten“ - Bestell-Nr. 10 520
KOHL VERLAG Der Verlag mit dem Baum www.kohlverlag.de

Die Wintermonate

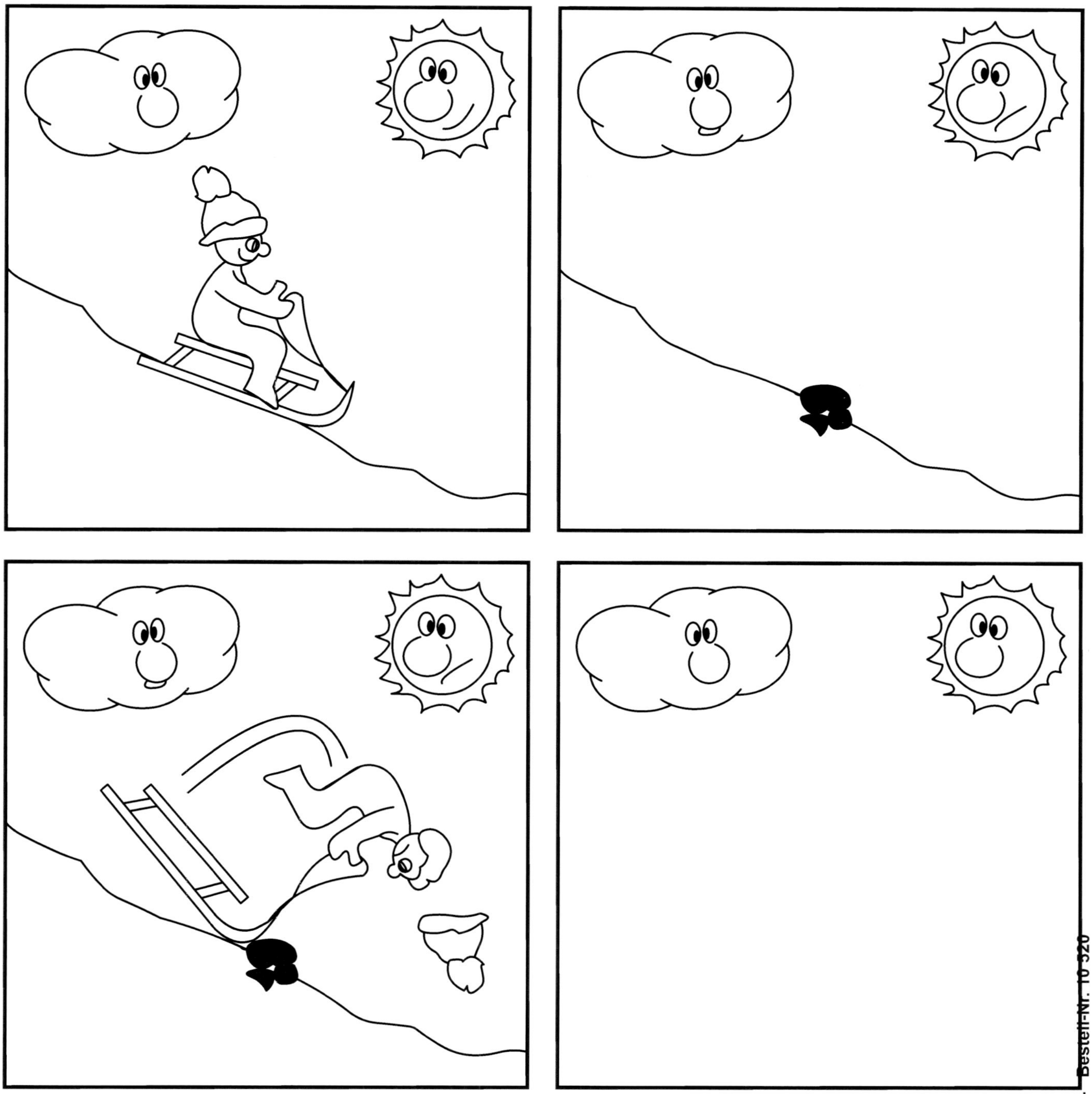

Aufgabe 1: Überlege dir einen passenden Schluss und male ein Bild dazu! Achte auf die Gesichter der Wolken und Sonnen, male im letzten Bild einen passenden Mund *(fröhlich, erschrocken, ...)*!

Aufgabe 2: Male die Sonnen gelb und die Wolken grau an!

Lernwerkstatt „Unsere Jahreszeiten“ - Bestell-Nr. 10 320
KOHL VERLAG Der Verlag mit dem Baum www.kohlverlag.de

Helau & Alaaf zum Februar

Male das Mandala aus! Male den Karnevalsclown richtig bunt an!

Lernwerkstatt
„Unsere Jahreszeiten" - Bestell-Nr. 10 520
KOHL VERLAG Der Verlag mit dem Baum
www.kohlverlag.de

Ein Lied hinterm Ofen zu singen

Ein Lied hinterm Ofen zu singen
von Matthias Claudius

Der Winter ist ein rechter Mann,
Kernfest und auf die Dauer;
Sein Fleisch fühlt sich wie Eisen an,
Und scheut nicht süß noch sauer.
Aus Blumen und aus Vogelsang
Weiß er nichts zu machen,
Hasst warmen Drang und warmen Klang
Und alle warmen Sachen.

Doch wenn die Füchse bellen sehr,
Wenn's Holz im Ofen knittert,
Und um den Ofen Knecht und Herr
Die Hände reibt und zittert;
Wenn Bein und Stein vor Frost zerbricht,
Und Teich' und Seen krachen;
Das klingt ihm gut, das hasst er nicht,
Denn will er sich tot lachen. -

Sein Schloss von Eis liegt ganz hinaus
Beim Nordpol an dem Strande;
Doch hat er auch ein Sommerhaus
Im lieben Schweizerlande.

Da ist er denn bald dort, bald hier,
Gut Regiment zu führen.
Und wenn er durchzieht, stehen wir
Sehen ihn an und frieren.

Aufgabe 1:
Lies das Gedicht erst leise dann laut.

Aufgabe 2:
Beantworte folgende Fragen:

Strophe 1 = Von welchem Mann wird da gesprochen?

____

Strophe 2 = Welches Tier wird in der zweiten Strophe genannt?

____

Wer reibt sich die Hände und zittert?

____

Strophe 3 = Wo hat der Herr Winter sein Schloss gebaut?

____

Strophe 4 = Und wenn der Winter durch-zieht, dann stehen wir und sehen in an und

____

Aufgabe 3:
Lerne das Gedicht auswendig und trage es vor!

Die Wintergeschichte mit dem Regenstab

Bei Schnee: Auf mein Zeichen dürfen alle Kinder wie Indianer im Schnee ans Fenster schleichen und sich draußen die Winterlandschaft genau ansehen. Jeder merkt sich gut, wie die weiße Pracht aussieht. Denn auf mein weiteres Zeichen schleichen alle wieder an ihren Platz, legen den Kopf auf die Arme und schließen die Augen. - Jeweils 2-3 Minuten Zeit geben. - In Gedanken wanderst du aus dem Schulgebäude hinaus. Draußen im Hof knirscht es unter den Füßen, wenn du durch den Schnee stapfst. Inzwischen liegt das Weiß schon so hoch, dass du deine Füße kräftig aus dem Schnee herausziehen musst. Als du hochschaust, merkst du, dass die Umgebung sich völlig verändert hat. Du siehst hohe Bäume mit riesigen Schneemützen, Felder die sich weit hinstrecken. Grenzen sind durch das viele Weiß nicht mehr zu entdecken. Fröhlich läufst du weiter. Der Himmel ist grau und noch immer rieseln die Flocken auf dich herab. Es ist ganz still. - Pause etwa 30 Sek. - Mit einem Mal hörst du ein feines Geräusch. - Regenstab in sich drehen und langsam hochstellen, aber nicht ganz durchlaufen lassen, sondern dann gleich in die andere Richtung hochstellen, dabei immer drehen. - Es scheint aus dem Schnee herauszukommen. Du läufst suchend weiter. Da - plötzlich stolperst du und fällst hin. Gerade noch rechtzeitig: In dem Loch vor dir siehst du, wie ein kleiner Bach sich unter dem Schnee einen Weg sucht. Du gräbst mit den Händen das Loch größer und betrachtest das kleine Bächlein, wie es unter Schnee und Eis eilig dahinfließt. Es ist so schnell, dass es keine Zeit hat, zuzufrieren.- Immer wieder Regenstab drehen und hochstellen. Pause ca. 1 Min. - Doch plötzlich bemerkst du, dass du völlig nass geworden bist. Deine Knie und Beine, dein Kopf und die Arme, alles ist voll Schnee und ganz durchweicht. Du beginnst zu frieren. Deshalb rennst du so schnell es geht durch den hohen Schnee zurück zum Schulhaus. Dort gehst du ins Klassenzimmer und setzt dich an deinen Tisch. Aber - o Wunder - du bist wieder vollkommen trocken. Richtig warm ist es dir nun. Du befühlst deine Hände und Arme und streckst sie hoch in die Luft. Du reibst dir dein Gesicht und deinen Kopf und öffnest die Augen. Na, wie war's draußen im Schnee?

Tipp: Liegt draußen kein Schnee, Geschichte genauso erzählen, nur die Anfangsbetrachtung weglassen! Hinweise: Erzählen/malen: Wie es im Schnee ist. Was wir im Winter machen können. Winterzeit - Die Natur im Winter, Weihnachten, wünschen und brauchen, besondere Wünsche (Schnee, Schlitten fahren, Gemütlichkeit, schlafen...).
Musik: Winter- / Weihnachtslieder, Wintergeräusche (Glocken, knirschen...)

Lernwerkstatt „Unsere Jahreszeiten“ - Bestell-Nr. 10 520
KOHL VERLAG Der Verlag mit dem Baum
www.kohlverlag.de

Lernwerkstatt
Die Jahreszeiten

Die letzte Seite zum Üben

1. Schreibe die Monate auf, die mit „J“ anfangen!

____

2. Welche Monate haben „ber“ am Ende ihres Namens?

____

3. Einige haben auch „ar“ am Ende. Schreibe sie heraus!

____

4. Ordne:

1. Monat: ____________	2. Monat: ____________
3. Monat: ____________	4. Monat: ____________
5. Monat: ____________	6. Monat: ____________
7. Monat: ____________	8. Monat: ____________
9. Monat: ____________	10. Monat: ____________
11. Monat: ____________	12. Monat: ____________

5. Schreibe verschiedene Geburtstage auf!

Ich habe am ____________________ Geburtstag.
Meine Mutter hat am ____________________ Geburtstag.
Mein Vater hat am ____________________ Geburtstag.
Meine Lehrerin hat am ____________________ Geburtstag.
Mein Freund/in hat am ____________________ Geburtstag.
Meine Oma hat am ____________________ Geburtstag.
Mein Opa hat am ____________________ Geburtstag.

6. Schreibe die Wochentage auf! ____________________

____

KOHL VERLAG Der Verlag mit dem Baum www.kohlverlag.de
Lernwerkstatt „Unsere Jahreszeiten“ - Bestell-Nr. 10 520

Lösungen

S. 01 Monate, Tage Frühling, Sommer, Herbst, Winter

S. 03 Frühling = c, Sommer = d, Herbst = b, Winter = a

S. 04 lang, kurz, lang, 24, blühen, hitzefrei, Drachen, Schlitten

S. 05 21. März, Kirschen, 21. Juni, 23. September, 21. Dezember

S. 06 Frühling = Januar Sommer = Dezember

S. 07 Herbst = März Winter = Mai

12 Monate = Januar, Februar, März, April, Mai, Juni, Juli, August, September, Oktober, November, Dezember

S. 10 31 Tage = Januar, März, Mai, Juli, August, Oktober, Dezember
30 Tage = April, Juni, September, November

A - C - E - G

S. 14 Juni, Juli, August

S. 16 b - d - f - g

S. 18 Oktober, November, September

S. 20 Im Herbst! - Sie fliegen gemeinsam! - Weil sie nicht genug Nahrung finden!

S. 21 b - e - g

S. 24 von Herrn Winter, Fuchs, Knecht und Herr, Nordpol, frieren

S. 26 1. Januar, Juni, Juli 2. September, Oktober, November, Dezember

3. Januar, Februar

4. Januar, Februar, März, April, Mai, Juni, Juli, August, September, Oktober, November, Dezember

6. Montag, Dienstag, Mittwoch, Donnerstag, Freitag, Samstag, Sonntag

Lernwerkstatt „Unsere Jahreszeiten“ - Bestell-Nr. 10 520
KOHL VERLAG Der Verlag mit dem Baum
www.kohlverlag.de

„Tiere im Winter"

Aus dem Inhalt: *Der Winterschläfer; Der Winterruher; Das winteraktive Tier; Die Winterstarre; Zugvögel; Standvögel; Vogelfütterung im Winter; Tierspuren im Schnee; Weitere Tiere im Winter; Tiermemory; Der Feldhase im Winter*

28 Kopiervorlagen Nr. 10 653 12,- €

„Der Igel"

Aus dem Inhalt: *Ein Mitbewohner in unserem Garten; Lebensweise; Nahrung; Feinde; Ein Igelsteckbrief; Der Winterschlaf; Die Kinderstube des Igels; Der Igel und die Schlange; Den Igel müssen wir alle schützen!; Was tun, wenn der Igel Hilfe braucht?; Der Igel lebt gefährlich; Mal- & Bastelecke*

27 Kopiervorlagen Nr. 10 523 12,- €

„Vom Kokon zum Schmetterling"

Aus dem Inhalt: *Was ist ein Schmetterling?; Lebenszyklus (Metamorphose); Das Ei; Die Raupe; Die Puppe; Der Falter; Verschiedene Schmetterlingsarten; Schmetterlingsmemory; Raupenzucht; Überwinterungsstrategien, Bastel- & Ideenecke; Abschlusstest*

32 Kopiervorlagen Nr. 10 657 12,- €

„Staatenbildende Insekten"

Aus dem Inhalt: *Was ist ein staatenbildendes Insekt?; Der Bienenstock; Arbeiterin; Drohne und Königin; Versch. Bienenarten; Die Wespe; Das besondere Haus einer Wespe; Wie Wespen leben; Die Ameise; der Ameisenhügel; Ameisen im Wald; Das Leben der Ameisen, Wanderameisen*

36 Kopiervorlagen Nr. 10 654 13,- €

„Heimische Tiere, die am Boden leben"

Aus dem Inhalt: *Lebensweise bekannter Kriechtiere wie z.B. Regenwürmern, Schlangen, Echsen, Spinnen. Wie sich eine Schlange bewegt; Lebensräume; Nahrung; Feinde; Fortpflanzung u.v.m.*

32 Kopiervorlagen Nr. 10 655 12,- €

„Indianer"

Aus dem Inhalt: *Wie und wo lebten die Indianer?; Kleidung, Ernährung, Familie; Ein Tag im Leben zweier Indianerkinder; Ein Tag in einem Indianerdorf; Der Schamane; Geheime Zeichen und Symbole; Der Totempfahl; Tiergeschichten*

27 Kopiervorlagen Nr. 10 522 12,- €

„Woher kommt der Strom?"

Aus dem Inhalt: *Was ist Strom? Stromgewinnung; Der Weg des Stroms in unser Wohnzimmer; Ein Elektrizitätswerk; Alternative Energiequellen; Zukunftsenergien u.v.m. Ein Abschlusstest dient als Prüfung des Gelernten. Mit anschaulichen Experimenten und lehrreichen Aufgaben!*

32 Kopiervorlagen Nr. 10 668 12,- €

„Feuer, Wasser, Erde & Luf

Aus dem Inhalt: *Wie Feuer entsteht; Die Energie des Feuers; Nutzen und Gefahren des Feuers; Lebenselixier Wasser; Unterschiedliche Erscheinungsformen des Wasse Erde und Wachstum; Erde ist nicht gleich Erde; Besonders fruchtbarer Boden - der Regenwald; Luft zum Atmen; Wind; Wetter*

36 Kopiervorlagen Nr. 10 669 13,- €

„Die Ritter"

Aus dem Inhalt: *Die Entstehung der Ritter; Vom Pagen zum Ritter; Die Ritterausrüstung; Ritterturniere; Der Ritter im Krieg; Die Ritterburgen; Das Leben auf der Burg; Die Erstürmung einer Burg; Die Kreuzzüge; Das Ende der Ritterzeit; Abschlusstest*

36 Kopiervorlagen Nr. 10 662 13,- €

„Das Mittelalter"

Aus dem Inhalt: *Die 3 Epochen; Gesell schaft im Mittelalter; Lehnswesen; Kirche in Mittelalter; Leben in einem Kloster; Lebe auf dem Land; Eine mittelalterliche Stadt Die Entwicklung des Handels; Kultur un Kleidung; Erziehung und Ausbildung; Ritte und Burgen; Die Pest; Das Ende des M*

36 Kopiervorlagen Nr. 10 663 13,- €